ACTE PUBLIC

POUR

LA LICENCE.

ACTE PUBLIC

POUR

LA LICENCE,

SOUTENU EN EXÉCUTION DE L'ARTICLE 4, TITRE 2, DE LA LOI DU 22 VENTÔSE AN XI,

Par M. CARRÈRE (Isidore),

Né au CASTET-D'ALEU (Ariège).

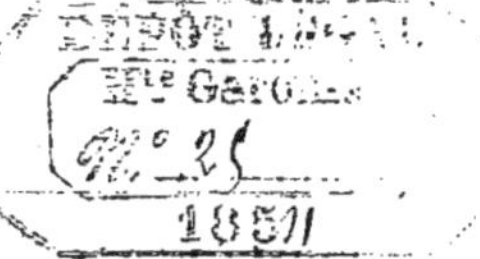

JUS ROMANUM.

Inst. Just. Lib. ii, Tit. xix.

De heredum qualitate et differentia.

De heredum qualitate et differentia, et *de adquirenda vel omittenda heredi-tate* nostro agitur titulo, non omnes ergo tituli partes ampletitur rubrica.
Primo omnium quid sit heres dicendum. Sic definiri potest secundum le-

gem 24 ad D. *de verb. sing.* : heres est successor in omne jus quod defunctus habuit. Indagemus nunc singulas tituli divisiones.

I. DE HEREDUM QUALITATE ET DIFFERENTIA. Heredes aut *necessarii* sunt, aut *voluntarii* id est *extranei.*

1° De heredibus necessariis : aut *necessarii* simpliciter dicuntur aut *sui et necessarii.*

Necessarius simpliciter heres est servus a domino institutus, ideoque sic appellatur, quia, sive velit, sive nolit, omnimodo post mortem testatoris, ipso jure, hereditatem adquirit. (Inst., § 1, h. t.)

Dominis aere alieno oppressis permisit lex OElia Sentia, primo secundo ve aut etiam ulteriore gradu, cum libertate servum heredem instituere, ut bona sub ejus potius quam suo nomine venirent, et sic ignominia in servum devolveretur. (Inst., § 1, *qui quibus ex causis manumitt. non poss.*) Hanc ignominiam necessitatem fuisse juris apparet ex Gaii § 154 *in fine.* Comm. 2, qua existimatio minueretur.

Jure antiquo, non aliter quam cum libertate proprius servus recte instituebatur. Sed, nova humanitatis ratione, generaliter constituit Justinianus ut ex ipsa institutione etiam libertas servo competere videretur : quum, ut ait Imperator, non est verissimile eum quem heredem sibi elegit dominus, si praetermiserit libertatis dationem servum remanere voluisse, et neminem sibi heredem fore. (Inst., § 2, *ibid.,* et C. 1. 5, *de necess. serv hered.*) Ideoque institutionibus, § 1, h. t. dicitur : omnimodo post mortem testatoris *protinus liber* et necessarius heres fit. Quod si sub conditione heres institutus sit servus proprius, impletae conditionis tempore tantum necessarius fit heres.

Merito observat Vinnius eum demum servum necessarium haeredem fieri cui non aliunde debetur libertas. Nam ille non necessarius heres erit quem testator ex fideicomisso manumittere dedebat. Eadem dici possunt de servo qui a vivo testatore manumissus fuerit; suo arbitrio hereditatem adire potest. (Inst., § 1, *de hered. inst.*)

Sed durissima conditio necessariorum heredum qui non solum hereditaria sed etiam propria bona venire videbant. Ast praetor, naturali aequitate motus, separationis beneficium eis tribuit, ut possint si vellint hereditatem omittere et ea quæ post mortem patroni vel sua industria, vel ex aliorum liberalitate adquisevissent ipsis reserventur. Separatio Pretoris vel Præsidiis decreto impetrari debebatur (D. l. 1 *de separationibus* et *ibidem* § 14). Non proprium necessariis heredibus erat hoc beneficium. A Prætore introductum est ad emendandam Juris civilis asperitatem qua et successionis et heredis bona et confundebantur. Sæpius successionis creditoribus permitti solebat separatio, quum heres solvendo non erat et bonorum venditionem patebatur (D. l 1 § 1 *de separationibus*) ; ita et servus necessarius heres hanc separationem obtinere poterat *scilisset si non attigerit bona patroni* (D. ibid § 14). Quo modo, pro ratis tantum viribus successionis, adversus eum actiones obtinebant creditores. Suos heredes recte Heineccius definit : « liberi tempore mortis in testatoris potestate constituti et in alterius potestatem non recasuri. » Itaque nepos neptisve, pronepos proneptisve suorum heredum numero sunt si præcedens persona desierit in potestate parentis esse, sive morte id acciderit sive capitis deminutione.

Solum igitur potestatis vinculum heredes facit, nec interest utrum naturales sint liberi aut adoptivi. Qua de causa feminæ suum heredem habere non possunt quia in potestate liberos non habent (Inst. § 3 h. t.) Item nepos ex filia avi non est suus heres quia non avi sed patris sui in potestate est (Inst. § 3 *de patria potestate*).

Sui heredes ideo appellantur quia domestici heredes sunt, et , vivo patre, quodam modo rerum omnium domini sunt; adeoque sibi ispis succedunt et quasi continuatur dominium. Immerito nonnulli dicunt ideo suos heredes appellari quia in potestate et dominio Quiritarto parentum sunt constituti. Si hoc verum esset et servi quoque sui appellarentur.

Sui heredes et necessarii dicuntur quia, velut servi, hereditatem, sive velint sive nolint testatoris mortis tempore, etiam inviti adquirunt, ex his omnibus apparet non idem esse *suitatem* idem *necessitatem* , ut luculenter demonstrat Vinnius. Necessitas a Jure patriæ vel dominicæ fluit potestatis. Liberi hac in causa ad instar servorum redigebantur , unde et commune iis cum servis heredibus a domino institutis nomen necessariorum heredum. Suitate bona paterna ipso Jure liberis adquiruntur ; necessitas bona hereditaria retinere cogit et creditoribus successionis etiam invite respondere.

Jure Pandectarum uxor quæ in manu erat mariti inter suos heredes refere-

batur ; nam filiæ locum obtinebat. Item nurus quæ in filii manu erat si filius e potestate defuncti mortis tempore, liberatus esset.

Sui et necessarii heredes, ut et servi a domino instituti etiam inviti hereditatem adquirebant, et ideo ultra vires hereditatis creditoribus tenebantur.
Sed iis prætor permisit volentibus abstinere se ab hereditate, perinde ac servis necessariis heredibus separationis beneficium tribuit. Se abstinere est se
non immiscere hereditati ; et non ad hoc necessariæ erat a Prætore impetra-
tio. Omnis actio successionis creditoribus recusabatur contra suos heredes
qui hoc beneficio usi erant. Impuberibus liberis omnimodo abstinendi potestas est, puberibus autem si se non immiscuerint (D. l. 11 *de adquir. vel
omitt. hered*).

2º *De voluntariis vel extraneis heredibus*. Hactenus de necessariis et
suis et necessariis heredibus ; sequuntur extranei quales sunt omnes qui
testatoris juri subjecti non sunt ; itaque filius e patre emancipatus, et
postea heres institutus, extraneus videtur ; qua de eadem causa liberi a ma-
tre instituti extranei sunt heredes, quia ut supra diximus feminæ suos heredes habere non possunt.

Extranei heredes voluntarii quoque dicuntur propter quod iis hereditas
voluntate adquiritur, ut, si velint, liceat suscipere, si nolint non cogantur.

Antequam de adquirenda hereditate agatur exponit Justinianus quibus
temporibus heredum capacitas requirenda est. Cujus materiæ, nostra senten-
tia, potius locus esset in titulo *de heredibus instituendis*.

Ut Jure extraneus heres institui possit opus est illum cum testatore testamenti factionem habere sive ipse heres instituatur, sive ii qui in potestate
ejus sunt. (Inst. § 4. h. T.)

Testamenti factio aut activa dicitur aut passiva. Activam habet qui testamentum facere potest (Inst., *quib. non est permis. fac test.*) Passivam qui recte
institui potest. Sed quis unam tantum testamenti factionem habere potest.
Exempli gratia : furiosus, mutus et posthumus jure heredes instituti sunt,
quamquam testamentum facere eis non liceatur. Ex contrario, cœlebs et or-
bus qui heredes esse non possunt activam factionem habent. De passiva fac-
tione h. t. agitur.

Si quæramus au valeat heredis institutio, tria inspicieda sunt tempora :
1º Testamenti facti momento, capax esse debet heres ut constiterit institu-

tio; sin aliter, nullum est testamentum, et, ut regula Catoniana cautum est, quod ab initio nullum est tractu temporis non potest convalescere; 2° mortis tempore; tunc enim jus heredis nascitur, tunc ei hereditas defertur, et, ut aiunt Institutiones, tunc heredis institutio effectum habet; 3° requirenda est capacitas aditionis tempore quo heres adquirit hereditatem. Si sub conditione heredis institutio facta sit, non mortis sed impletæ conditionis tempus spectatur. Medio tempore inter factum testamentum vel conditionem existentem et mortis momentum mutatio juris non nocet, quia non adhuc ullum jus heredi competit. Verum inter mortis vel conditionis et aditionis tempus omnibus momentis necessaria est capacitas. Tunc enim jus heredis existit quod semel amissum non potest tractu temporis recuperari.

Necessariis quidem heredibus, testamenti facti tantum et mortis tempore necessaria est testamenti factio. Hi enim non aditionem faciunt quia ipso jure hereditatem adquirunt.

II. De adquirenda vel omittenda hereditate. 1° *De adquirenda hereditate :* diversi sunt modi hereditatem adipiscendi secundum heredum qualitatem.

Necessarii et sui et necessarii heredes sive velint, sive nolint, ut sepe jam supra diximus, fuint heredes. Protinus ipso jure hereditatem adquirunt sive furiosi sint, sive mente capti, sive infantes, ideoque nec tutoris auctoritatis, nec curatoris consensus opus est (Inst. § 3, *de hered. quæ ab int. de fer.*) Merito igitur Vinnius dicere potuit : « ubi suus heres est nunquam jacere hereditas dicitur, nimirum quia nullum inter defuncti mortem et existentiam sui heredis intervallum est. » Et hoc verum de servis necessariis heredibus. Ex his naturaliter fluit hæc consequentia : liberi et necessarii statim ad heredes suos hereditatem transmittunt, quia ipso jure heredes sunt.

Quod diximus ipso jure necessariis et suis et necessariis adquiri hereditatem, de proprietate tantum intelligendum est. Possessio autem non aliter quam cum animo et corpore adquiritur sive necessarii sint heredes sive extranei (Pauli sent. *de usucapione,* § 1 et d. 1. 23 de adquis vel amitt. poss.)

Extranei heredes aditione, id est actu legitimo quo suscipiendæ hereditatis manifestatur voluntas, hereditatem adquirunt. Aditur hereditas aut pro herede gerendo, aut nuda voluntate sive verbis sive scriptis declarata. Pro he—

rede gerere est rebus hereditariis tanquam dominus uti, velut servum aut cœteras res heredetarias vendendo, vel prædia colendo, etc. Ut pro herede gestio valeat opportet ut sciat heres eum obiisse cujus bona gerit et se ei heredem esse.

Ex eo quod aditio est manifestatio voluntatis ad adquirendam hereditatem, fluit ut furiosus et infans hereditatem adquirere nequeant. Ne tamen hereditatem amittant, pro iis adire possunt parentes tutores et curatores. Pupilli infantia majores auctoritate tutoris adire possunt; surdus et mutus jure adeunt.

Hereditas non partim adiri potest partim repudiari quia nemo parte testatus, parte intestatus decedere potest. Semel adita hereditas non repudiari potest, secundum sententiam : semel heres semper heres.

Bonorum hereditatis non adquirit heres nisi post aditionem, itaque citra aditionem nihil transmittit ad heredes suos. Sed mox infra dicemus quomodo illa juris asperitas a Justiniano emendata fuit.

In jure antiquo solemnis fuit modus aditionis, nempe *cretio*. Cretio erat certorum dierum spatium quod heredi dabatur a testatore ad deliberandum utrum vellet an adire hereditatem an repudiare. Cretio ita appellata est, ut Gaïus observat, quia *cernere* est quasi *decernere* et *constituere*. Sic enim cretione heres instituebatur : TITIUS HERES ESTO, CERNITOQUE IN DIEBUS CENTUM PROXIMIS QUIBUS SCIERIS POTERIS QUE; NISI ITA CREVERIS EXHERES ESTO. Heres citra præfixum illum spatium *cernere* debebat, id est hereditatem adire cretionis verba dicendo, ad hunc modum : QUOD ME PUBLIUS TESTAMENTO SUO HEREDEM INSTITUIT, EAM HEREDITATEM ADEO CERNO QUE. Quod si ita non creverit, finito tempore cretionis excludebatur, nec quidquam proficiebat si pro herede gessisset.

Cretio aut *vulgaris* erat aut *continua*. Vulgaris si adjiciebantur hæc verba: QUIBUS SCIERIS POTERISQUE, continua in qua non adjiciebantur. In vulgari cretione dies tantum *utiles* computabantur, in continua et dies *inutiles* (Vide GAÏUM ad com. 2, § 164 et suiv., et ULPIANI regulas ad tit. 22, § 27 et s.)

Heres non tantum succedit in jus quod defunctus habuit adversus alios, verum etiam in id jus quo defunctus aliis tenebatur. Et hoc accidere potest ut plus æris alieni quam emolumenti inveniatur. Itaque hæres qui damnosam hæreditatem adierat, sæpe, pro latitante ære alieno, ultra vires hereditatis tenebatur. Sed duo inventa fuere remedia, nempe *jus deliberandi* et *beneficium inventarii*.

Jus deliberandi est spatium a lege heredi concessum quod a prætore impetrari debebat, et non pauciores centum dierum tribuebantur (D. L. 2 *de jure deliberandi*). Justinianus tandem magistratibus permisit spatium novem mensium concedere, immo princeps annum indulgere poterat (C. L. 22, § 13, *de jure deliberandi*). Ejusdem imperatoris constitutione provisum est ut si heres non deliberaverit, non tamen successioni renunciaverit, deliberationis beneficium in successionem suam transmittat. Ex hoc, principio derogatum est quod supra exposuimus, nempe heredem nihil in successionem suam transmittere ante aditam hereditatem.

Post variis juris mutationibus § 6 h. t. expositis, beneficium inventarii a Justiniano repertum est. Heres qui inventarium fecit non ultra vires hereditatis tenetur, et propria ejus bona non confunduntur cum hereditariis ; quod non accedit nisi confectum fuerit inventarium.

Deliberationis et inventarii beneficio simul uti non licet. Heres qui post deliberationem hereditatem adiit, inventarii beneficium amittit et ultra vires tenetur.

Jam supra diximus de beneficiis a Prætore necessariis et suis et necessariis tributis. Sed sive is cui abstinendi potestas est immiscuerit se bonis hereditatis sive extraneus cui de adeunda hereditate deliberare licet adierit, postea relinquendæ hereditatis facultatem non habet. (Inst., § 3 h. t.) Ast Prætor in hoc casu, sicut in multis cæteris, minoribus 25 annis adsistit *restitutione in integrum*.

2° *De omittenda hæreditate*. — Heres qui, post deliberationem, majis æris alieni invenit quam emolumenti hereditatem repudiare potest. Perinde ae aditione, *verbis* vel *faetis* fit repudiatio : verbis , si declaraverit institutus se hæredem esse nolle ; factis, si deliberationis spatium elabi passus sit sine aditione.

Hereditas semel repudiata non potest tractu temporis adiri : statim heredibus ab intestato defertur.

CODE NAPOLÉON.

De l'émancipation.

La distinction établie entre les deux états de minorité et de majorité repose sur la considération que l'homme n'est, en général, capable de diriger ses affaires et de se conduire que parvenu à un certain âge. Le législateur a fixé l'époque de la majorité à 21 ans, parce que le plus souvent ce n'est qu'à cet âge que la nature paraît avoir opéré le développement de nos facultés; mais l'expérience apprend que chez quelques individus ce développement est plus précoce. De plus, il arrive souvent que des exigences de famille, des positions particulières de fortune, veulent que cette époque soit devancée : ce sera un père qui voudra récompenser la conduite réglée et prévoyante de son fils, et qui voudra l'initier peu à peu au maniement des affaires qu'il aura à gérer à sa majorité; ce sera un mineur qui se marie, qui devient, par conséquent, chef de famille, état désormais inconciliable avec la subjection où vous tient la puissance paternelle; ce sera un orphelin qui devra succéder au commerce de ses parents.

Ce sont les considérations principales qui ont emmené le législateur à trouver un état intermédiaire entre la minorité et la majorité.

Qu'est-ce que l'émancipation ?

« C'est un acte qui donne au mineur le droit de se gouverner lui-même et d'administrer ses biens dans les limites posées par la loi. »

Elle produit deux effets bien distincts; par elle la puissance paternelle ou tutélaire abdiquent leur autorité sur la personne et sur les biens du mineur, distinction que les Romains rendaient si bien par ces mots : *Emancipare vero generatim est emanu, id est potestate ac dominio transferre, alienare, vendere,* et par ceux-ci : *actus hominis, quo filius familias, sui juris efficiebatur* (§ 5 , *Inst., quibusmodis patria potestas solv.*)

A Rome, l'émancipation avait pour but de libérer le fils de la puissance paternelle, mais non de lui donner la faculté de se gouverner ; car au lieu de mettre fin à la tutelle comme chez nous, elle y faisait, au contraire, entrer le fils impubère. Leur puissance paternelle n'était pas, comme la nôtre, une puissance d'amour et de protection ; elle avait un caractère barbare et particulier à ce seul peuple, comme l'ont dit les jurisconsultes Gaïus (Comm. 1er, p. 25) et après lui Justinien, *quod jus (patriæ potestatis) proprium es cidium Romanorum fere enim multi alii sunt homines qui talem in liberos potestatem habeant qualem nos habemus.* Elle était si forte qu'il n'était même pas permis au père de l'affaiblir en libérant directement son fils ; il était obligé de prendre un détour et de donner à l'émancipation l'apparence d'une vente *mancipo tibi hunc filium qui meus est,* disait-il à un étranger, en présence de sept témoins dont l'un (*Libripens*) tenait une balance comme pour peser le prix du marché. Lorsque la civilisation des Romains se fut élargie avec le cercle de leurs connaissances et de leurs conquêtes, que les ordonnances des préteurs eurent éludé les rigueurs du Droit civil, lorsque les Empereurs, guidés par les jurisconsultes de l'âge d'or eurent, par leurs Constitutions, fait prédominer la voix de la raison et de l'humanité, dans cette législation si fortement empreinte de symbolismes matériels, l'émancipation se revêtit de formes moins sévères et plus faciles. Anasthase permit aux pères d'émanciper leurs enfants au moyen d'un rescrit du prince, et lorsque Justinien n'exigea plus que la formalité de la déclaration devant le magistrat compétent, toutes ces formules étaient devenues dérisoires, et le symbole de la balance avait depuis longtemps disparu. J'ai dit que dans notre législation l'émancipation avait pour but de libérer le mineur de la tutelle, tandis qu'au contraire à Rome elle y faisait entrer le mineur impubère, on émancipait à tout âge, souvent le petit-fils en retenant le fils sous sa puissance. Mais comme l'émancipation faisait perdre à l'émancipé, au moins primitivement, tous les droits et tous les avantages inhérents à la qualité de fils de famille, il fallait, pour qu'elle put s'effectuer, le consentement de l'émancipé.

Ces lois furent suivies dans nos pays de Droit écrit et passèrent même dans plusieurs coutumes, entr'autres dans celles de Bretagne. Comme en droit romain la tutelle y finissait à 14 ans pour les garçons et à 12 ans pour les filles. Mais plus tard ces dispositions furent abrogées, et par un édit sur les tutelles, on voulut qu'elle fût prolongée jusqu'à l'âge de 25 ans, sauf aux mineurs à se faire émanciper à l'âge de 17 ans, en vertu des lettres du prince qu'on appelait lettres de bénéfice d'âge. On donnait le nom d'émancipation à l'acte par lequel on faisait entériner ces lettres en justice.

Nous arrivons à l'exposé de l'émancipation telle qu'elle est réglée dans le Code Napoléon.

Voici comment nous diviserons notre sujet; nous dirons :

1° Combien il y a d'espèces d'émancipations;

2° Quand et comment l'émancipation a lieu;

3° Quels sont ses effets;

4° Quand et comment elle peut être révoquée.

1° Combien y a-t-il d'espèces d'émancipations?

Il y a deux espèces d'émancipations : l'émancipation expresse et l'émancipation tacite.

L'émancipation expresse ou volontaire, est celle qui s'opère par une déclaration solennelle du père, ou à défaut du père, de la mère, ou du conseil de famille qui les remplace; déclaration, qui est reçue par le juge de paix ou son greffier (477-478). Plusieurs auteurs ont contesté à la mère le droit d'émanciper; mais puisque pour le mariage, qui est un acte bien plus important, le consentement de la mère suffit à défaut du père, on voit qu'elle a le droit d'émanciper, *qui potest majus potest minus.*

2° Quand et comment l'émancipation a lieu.

Le mineur, qui a son père ou sa mère, peut être émancipé à l'âge de quinze ans révolus (477). Le législateur n'a pas craint une émancipation trop prématurée, rassuré par l'amour et l'intérêt que le père et la mère portent ordinairement à l'enfant qu'ils émancipent.

Si le père et la mère sont morts, le mineur ne peut être émancipé avant l'âge de dix-huit ans; de plus, il faut une délibération du conseil de famille dans laquelle le juge de paix déclarera que le mineur est émancipé (478).

Par délibération du conseil de famille, il est donné au mineur émancipé un curateur, qui a pour mission d'aider le mineur de ses conseils dans les actes qu'il pourra faire, et de compléter sa capacité dans les actes importants qui concernent l'administration du fonds du patrimoine. Ses fonctions durent jusqu'à la majorité du mineur.

La curatelle appartient de droit au père ou à la mère de l'émancipé, ainsi qu'au mari de la femme mineure (2208). C'est guidé par un sentiment de bienveillance, que le législateur place l'inexpérience de l'émancipé sous la surveillance tutélaire d'un curateur. Les art. 481, 482, 483 et 484, respirent tous de l'intérêt qu'il porte au mineur a qui l'expérience n'a pas encore donné la connaissance des hommes et des choses. Ce curateur est pour lui un conseiller, un ami, un protecteur. Mais pourquoi la loi distingue-t-elle le cas où le mineur est émancipé par le conseil de famille, de celui où l'émancipation est faite par le père où la mère ; nous ne trouvons à cette distinction d'autre cause que celle-ci : la loi entoure tous les actes des ascendants par rapport à leurs descendants d'une faveur spéciale; elle a pensé, et avec raison, que puisque l'émancipation leur enlevait l'usufruit légal de celui qu'ils émancipaient, ils n'en seraient pas prodigues, et ils ne l'accorderaient que dans les intérêts du mineur

L'émancipé qui veut faire le commerce doit avoir dix-huit ans accomplis, l'art. 2 du Code de Commerce ne lui permet de se livrer à cette profession qu'autant que l'autorisation qu'il aura eue du père ou de la mère, en cas de décès, aura été enregistrée et affichée au Tribunal de commerce du lieu où le mineur veut établir son domicile.

3° Quels sont les effets de l'émancipation.

Les effets de l'émancipation sont relatifs à la personne ou aux biens.

Relativement à la personne, l'effet de l'émancipation est d'affranchir le mineur de la tutelle et de la puissance paternelle à laquelle, cependant, il est toujours soumis pour le consentement, en cas de mariage. Il a pleine liberté de locomotion et est libre de se choisir un domicile. Relativement aux biens, la capacité du mineur varie et a souvent besoin d'être complétée suivant la plus ou moins grande importance des actes auxquels ils se livre.

Pour une plus parfaite intelligence de notre manière, nous rangerons tous les actes auxquels se livre le mineur, dans quatre catégories.

Dans la première, nous parlerons des actes qu'il peut faire seul;

La deuxième, nous fera connaître ceux qui réclament l'assistance du curateur;

La troisième, ceux qni exigent l'autorisation du conseil de famille;

Et la quatrième, ceux qui lui sont absolument interdits, même avec l'autorisation du conseil de famille.

1° Les actes qu'il peut faire seul sont les actes d'administration pure, tels que achats d'objets mobiliers, location de meubles ou d'immeubles, louages de services ou de travaux; mais, dans tous ces cas, les engagements qui en résultent contre lui, peuvent être réduits par les tribunaux quant ils sont excessifs, et quant il y a faute à reprocher à ceux qui ont contracté avec lui; il pourvoit aussi à son entretien et à ses dépenses, avec ses revenus; il en a la libre administration, il peut les employer comme il lui convient; cependant, s'il fait des économies et qu'il en achète des immeubles, il ne pourra les aliéner ni les vendre sans l'autorisation du conseil de famille.

2° Les actes qui réclament l'assistance du curateur, sont ceux qui concernent le fonds du patrimoine. Ces actes sont les suivants : recevoir son compte de tutelle (480); recevoir ou donner décharge d'un capital mobilier, et dans ce cas le curateur surveillera l'emploi du capital reçu (482); intenter une action en partage ou y défendre; aliéner une inscription de rente de 50 fr. ou au-dessous (loi du 24 mars 1806); accepter une donation; intenter une action immobilière et y défendre. Lorsque ces actes ont été faits avec l'assistance du curateur, ils ne sont rescindables que pour cause de lésion, de fraude ou de dol.

Les actes que nous venons d'énumérer sont bien des actes d'administration, mais ils sont tellement importants qu'ils intéresseront même l'existence du patrimoine. Le mineur peut, sans faire courir de grands dangers à sa fortune, affermer ses immeubles, faire des marchés plus ou moins avantageux dans des achats de meubles; mais ce ne serait pas sans de grands inconvénients qu'il irait mal à propos intenter des actions immobilières souvent très importantes, et s'engager par conséquent dans de mauvais procès.

L'art. 480 dit que l'assistance du curateur est nécessaire pour la réception du compte de tutelle; mais sera-t-elle requise pour le partage d'une succession purement mobilière? L'art. 482 permet par *a contrario* au mineur de plaider sans son curateur en matière mobilière; il n'en est pourtant pas de même pour un partage : son inexpérience serait trop exposée à tous les piéges et à tous les mauvais vouloirs de cohéritiers avides et déloyaux. Le besoin de l'assistance du curateur se fait sentir dans ce cas, surtout si la succession est importante, et nous nous rangeons de l'opinion de ceux qui la croient nécessaire en cette circonstance. Nous nous inspirons des motifs de la loi qui est toute de protection et de bienveillance pour le mineur.

L'art. 482 en disant capital mobilier semble faire un pléonasme. Car tous les capitaux sont mobiliers, il ne saurait en exister d'immobiliers; cette épithète mobilier ajoutée au mot capital provient de ce qu'on distinguait autrefois les capitaux exigibles qui étaient mobiliers, des capitaux non exigibles ou rentes constituées à prix d'argent, qui étaient réputés immeubles dans presque toutes les coutumes.

3° L'autorisation du conseil de famille est nécessaire :

1° Pour faire un emprunt, et encore cette délibération du conseil de famille sera-t-elle homologuée par le Tribunal (483);

2° Pour aliéner ses immeubles ;

3° Accepter une donation ;

4° Accepter ou répudier une succession ;

5° Pour aliéner une rente sur l'Etat de plus de 50 fr. ;

6° Acquiescer à une demande immobilière.

Une controverse s'est élevée sur le point de savoir si l'hypothèque doit être rangée dans cette catégorie, c'est à dire parmi les actes que le mineur ne peut faire sans l'autorisation du conseil de famille, ou bien dans la première catégorie, c'est à dire parmi les actes qu'il peut faire seul. Les auteurs sont partagés à cet égard. TOULLIER (II, 1298) DURANTON et ZACHARIÆ soutiennent qu'il peut seul concéder hypothèque, MARCADÉ est d'un avis contraire. Voici de quelles raisons les premiers soutiennent leur opinion. Les biens du débiteur sont le gage commun de ses créanciers ; alors ses immeubles peuvent tout aussi bien être saisis et vendus par de simples créanciers chirographaires que par des créanciers hypothécaires (2092, 2093). L'hypothèque, dans ce cas, ne saurait nuire au débiteur, lui-même, elle ne nuit qu'aux différents créanciers du débiteur en donnant aux uns une préférence sur les autres, suivant leurs différentes qualités. Dans ce cas, il n'y a aucune raison de défendre au mineur de concéder hypothèque, dans les limites où la loi lui permet de contracter des obligations. Aussi, disent Duranton et Toullier, l'art. 184 qui défend au mineur d'aliéner ses immeubles, ne lui défend pas de les hypothéquer.

Malgré tout ce que cette augmentation paraît avoir de force au premier abord, nous nous rangeons de l'avis de Marcadé, qui démontre au moyen d'exemples très-concluants, que l'hypothèque, loin d'être indifférente pour le débiteur, ruine souvent son crédit, et que ce n'est qu'avec grande répugnance que l'on concède hypothèque ; qu'un débiteur aime cent fois mieux s'engager purement et simplement qu'hypothécairement.

Du reste la loi dont l'art. 2124 ne dit-elle pas qu'une hypothèque ne peut être consentie que par celui qui peut aliéner l'immeuble qu'il y soumet. Or, notre art. 484 défend formellement au mineur d'aliéner les immeubles, sans les formalités quelle prescrit.

L'opinion de Marcadé est partagée par M. Valette (tome 2, page 438).

4° Les actes qui sont complètement interdits au mineur émancipé sont : 1° les donations entre-vifs si ce n'est par contrat de mariage (1398); 2° la disposition de ses biens par testament, si ce n'est jusqu'à concurrence de la moitié des biens dont la loi permet au majeur de disposer (904); 3° de compromettre.

4° Comment finit l'émancipation ; quant et comment peut-elle être révoquée.

L'émancipation finit par la majorité ou par la mort du mineur. Toutes les fois qu'il se sera rendu indigne de la faveur de l'émancipation, quand il aura pris des engagements qui auront été réduits en vertu de l'article (484), il sera privé du bénéfice qu'on lui avait accordé, et il rentrera en tutelle jusqu'à sa majorité accomplie. L'émancipation lui sera retirée en suivant les formes qui avaient eu lieu quand on la lui avait conféré.

CODE DE PROCÉDURE CIVILE.

Demandes en distraction des objets saisis mobilièrement et immobilièrement.

La demande en distraction, disait M. PERSIL, dans son rapport à la Chambre des pairs, est l'incident le plus important que puisse présenter la poursuite de saisie. Cet incident met en question la propriété de l'immeuble en totalité ou en partie. Ce savant jurisconsulte aurait voulu que la demande fut faite avant l'adjudication pour mettre l'adjudicataire à couvert des revendications. Mais comme il nous le fait observer lui-même, poser des prescriptions dans cette matière, c'est porter atteinte à un droit sacré , c'est violer le droit de propriété. Le propriétaire n'a rien à faire , rien à observer , pour conserver son droit de propriété. Il ne peut le perdre que par son fait ; et une négligence ou une opinion ne peut pas en tenir lieu ; c'est un malheur pour l'adjudicataire, mais un malheur que rien ne saurait lui éviter ; le respect pour la propriété passe avant tout.

Il n'en était pas de même dans l'ancien droit. On avait décidé que le *décret* purgeait la propriété. Cette disposition beaucoup trop rigoureuse n'a pas été reproduite dans notre Code de Procédure.

Qu'est-ce qu'une demande en distraction ? c'est une demande par laquelle on réclame certains biens qui n'appartenaient pas au débiteur du poursuivant. Qui aura donc le droit de la demander ? la distraction ne peut pas être demandée par le débiteur sur lequel on a induement saisi les immeubles appartenant à un tiers ; c'est ce tiers qui aura seulement le droit d'intenter cette action. Lorsqu'une saisie est faite sur des biens qui n'appartiennent pas au débiteur , et que le jugement d'adjudication a été rendu , ces biens ne peuvent pas devenir la propriété de l'adjudicataire ; il devra seulement se mettre en possession, et il ne pourra en être évincé par le propriétaire de ces immeubles, qu'en subissant les lenteurs d'un procès ordinaire. Comment se forme la demande en distraction ?

L'ancien art. 727 disait qu'elle devait être faite par requête ; ces expressions ne se trouvent pas dans le nouvel article , parce que l'art. 718 veut que les demandes incidentes à une poursuite sur saisie immobilière ne puissent être formées que par acte d'avoué à avoué ou par exploit d'ajournement quant il n'y a pas d'avoué en cause. M. PAIGNON est d'un avis contraire, il dit que la demande en distraction est un acte trop important pour être fait par acte d'avoué à avoué ; il veut qu'elle soit faite par requête, nous n'avons pas la même manière de voir.

On a le temps de former la demande en distraction jusqu'au jour de l'adjudication ; cela résulte évidemment du silence de la loi qui n'a rien dit à ce sujet.

Quant le tiers n'a pas de titre pour constater son droit de propriété sur l'objet saisi, il doit invoquer la prescription trentenaire et offrir de la prouver.

L'art. 726 dit que la demande contiendra l'énonciation des titres justificatifs qui seront déposés au greffe et la copie de l'acte de dépôt. On a demandé si l'inobservation des dispositions de cet article rendaient la demande en distraction nulle. M. PAIGNON n'admet pas la nullité ; mais la demande pourrait être déclarée non recevable ; nous sommes de l'opinion de ce jurisconsulte , opinion qu'a sanctionné la cour de Colmar (13 février 1838).

Le tiers qui a sur l'immeuble saisi un droit de servitude personnelle ou réelle le conserve-t-il après l'adjudication ?

Une solution affirmative doit être donnée à cette question; la jurisprudence est constante à cet égard.

Les demandes en distraction n'ont pas seulement pour objet des droits de propriété, elles ont pour objet des droits réels. Dans le sein de la commission de la cour de Cassation , on demanda que les locataires ou fer-

miers pussent opérer distraction pour le remboursement d'impôts, construc-
tions ou améliorations sur les biens saisis, on répondit qu'il ne fallait s'occuper que des immeubles saisis; des servitudes passives dont ils pourraient
être grevés, et alors les mots *droits réels* qui étaient trop vagues furent rem-
placés par la locution immeubles saisis (Chauveau, *Lois de la Procédure ci-
vile*, tom. 5, p. 708). Le conseiller d'État Réal veut aussi que le tiers qui a
des droits réels puisse intervenir dans la procédure pour se les faire assurer;
d'après lui, et c'est aussi notre avis; il peut demander qu'on charge de nou-
veau les biens à vendre des droits dont ils étaient grevés à son profit, on
appelait autrefois cette demande *afin de charges*.

Lorsqu'elle est accueillie, on en fait mention dans le cahier des charges.
L'usufruitier pourra donc toujours intervenir pour l'immeuble sur lequel il
a l'usufruit; il ne pourra passer à l'adjudicataire que grevé de son droit; en
effet, l'adjudication ne transmet d'autres droits que ceux qu'avait le saisi, et
l'immeuble en changeant de main ne peut pas être moins grevé qu'il ne
l'était avant; de plus, on irait à l'encontre de l'esprit de l'art. 1533, C. civ.,
et de cet axiôme bien connu : *Nemo plus juris in alium transferre potest quam
ipse habet.*

Si la demande en distraction n'avait pour objet que de conserver la possession et non la propriété, serait-elle annulable ?

Pour cette seconde question, nous pensons avec notre savant professeur,
M. Rodière, qu'elle ne serait pas recevable et qu'on devrait se pourvoir au
possessoire devant le juge de paix.

Quand la demande en distraction s'étend à tous les biens saisis, l'adjudication ne doit pas être faite avant qu'on n'ait statué sur cette demande. Si
elle n'a trait qu'à une partie, on doit passer outre et n'accorder un sursis
que lorsque les parties le réclament. Il n'est pas besoin que ce sursis soit
demandé par toutes les parties, le tribunal peut le prononcer sur la demande
de l'une d'elles.

Il doit être permis au poursuivant de changer la mise à prix portée au
cahier des charges lorsque la distraction partielle a été ordonnée; c'est de
toute justice, car il est à croire que le poursuivant avait calculé la valeur
totale des biens du saisi pour fixer la mise à prix. Quand le saisi n'a pas

constitué avoué durant la poursuite, l'art. 725 veut que le délai qui lui a été prescrit pour la comparution soit augmenté d'un jour par cinq myriamètres de distance entre son domicile et le lieu où siége le tribunal; mais lorsqu'il est domicilié hors du territoire continental du royaume le délai ne peut pas être augmenté.

La demande en distraction n'est pas sujette au préliminaire de conciliation.

DROIT CRIMINEL.

Des Mandats..

Le mandat est l'ordonnance en vertu de laquelle une personne est obli-
gée de comparaître devant le magistrat ou de se rendre en prison.

Il y a quatre espèces de mandat que nous classerons selon l'ordre que leur
importance leur assigne ; nous nous efforcerons de les apprécier dans leur
essence et d'énumérer les formalités qui leur sont indispensables.

1° *Mandat de comparution.*

Le mandat de comparution est une ordonnance qui émane du juge d'instruction et qui a pour objet de faire comparaître devant lui toute personne
domiciliée et inculpée seulement d'un délit emportant peine correctionnelle.

Les mandats, en général, sont entre les mains du magistrat des armes
pour garantir la sécurité publique et assurer la punition du coupable. Mais
l'on ne devait pas oublier de quelle importance il est de ne pas troubler la
sécurité de chaque citoyen pour des motifs frivoles ou du moins pas assez
graves pour motiver une répression énergique ; ainsi, lorsqu'il ne s'agit que
d'un délit et d'une personne domiciliée, la loi, qui aurait pu ordonner une
mesure violente, laisse à la discrétion du magistrat le droit de faire seulement comparaître l'inculpé.

Dans le cas où un mandat de comparution a été lancé, le magistrat est
tenu d'interroger l'inculpé sitôt qu'il a comparu ; il peut, néanmoins, sus-
pendre l'interrogatoire, mais il doit toujours mesurer ces suspensions à l'es-

prit de la loi. Le législateur a voulu, par une sage prévoyance, rendre le plutôt possible l'inculpé à ses occupations habituelles. En même temps, il a facilité au magistrat l'exécution de ses prescriptions en fixant le jour et l'heure auxquels la partie citée doit comparaître, ce qui ne peut avoir lieu pour tous les mandats.

Il existe une circulaire du 10 février 1849, adressée par le Ministre de la justice aux procureurs généraux, dans laquelle nous retrouvons toutes les formalités propres au mandat de comparution. Cette circulaire, impérieusement motivée par les vexations de tout genre auxquelles les citoyens étaient alors en butte, par suite de la malveillance de quelques magistrats indignes, respire la plus sage sollicitude, pour les intérêts privés, et domine de ses prudentes prescriptions la matière dont nous venons de nous occuper.

2° Du mandat d'amener.

Le mandat d'amener, comme l'indique le mot, est l'ordonnance en vertu de laquelle l'inculpé est amené devant le magistrat par l'agent préposé à cet effet.

L'intervention de l'huissier ou de la force publique, que l'on évite autant que possible d'employer, peut devenir nécessaire ; le mandat d'amener a été créé pour la sanctionner.

Il est décerné lorsque l'inculpé ne se présente pas en exécution du mandat de comparution, lorsqu'il est sous la prévention d'un délit emportant peine afflictive ou infamante, quelle que soit sa qualité personnelle. Toutefois il est un cas où l'on doit avoir recours à certaines formalités préalables pour exécuter les mandats d'amener décernés contre certaines personnes (les agents supérieurs du gouvernement, pour la poursuite desquels il faut demander l'autorisation du conseil d'Etat). Les ministres des cultes qui jadis étaient rangés parmi ceux que favorise l'exception sont rentrés dans le Droit commun par décision de la Cour suprême (arrêts des 23 juin et 9 septembre 1831).

Le magistrat peut aussi décerner un mandat d'amener contre les témoins qui refusent de comparaître sur la citation à eux donnée ; il doit néanmoins user de ce pouvoir avec la plus grande circonspection, et respecter toujours les exceptions introduites par la loi. Dans le cas de mandat d'amener, le magistrat est tenu d'interroger le prévenu dans les vingt-quatre heures au plus tard, toujours pour sauvegarder le plus possible la liberté individuelle. On ne pourrait ordonner un interrogatoire immédiat comme pour le mandat de comparution, parce que dans ce dernier, le jour et l'heure où l'inculpé se présentera sont fixés, tandis que dans le mandat d'amener tout est incertain.

Si le prévenu refuse d'obéir au mandat d'amener, ou si après s'être soumis il tente de s'évader, ceux qui sont chargés de l'exécution du mandat doivent user de contrainte pour le contenir, et, au besoin, requérir le secours de la force armée. La réquisition contenue dans le mandat d'amener suffit pour conférer ce pouvoir au porteur dudit mandat.

L'on a agité la question de savoir si le prévenu peut se rebeller contre un mandat irrégulièrement écrit ou contre un officier civil, qui n'aurait pas entière qualité *ad hoc;* nous croyons que dans tous les cas l'inculpé doit se soumettre dans l'intérêt de l'ordre public, sauf à lui d'exercer plus tard tout recours accordé par la loi.

Toutefois, le prévenu peut ne pas être contraint lorsqu'il a été trouvé après plus de deux jours, depuis la date du mandat d'amener, hors de l'arrondissement de l'officier qui l'a délivré et à plus de cinq myriamètres du domicile de cet officier, sans doute pour qu'il n'ait pas à souffrir de la négligence qu'on a apportée à exécuter le mandat, négligence qui lui a permis de s'absenter.

Cependant, même dans ce cas, le mandat d'amener doit être pleinement exécuté, si le prévenu a été trouvé muni d'effets, de papiers ou d'instruments qui prouvent qu'il a commis le délit, ou qu'il en est complice.

Nota. Disons en passant que les mandats ne peuvent être mis à exécution pendant la nuit dans une maison que sur réquisition venue de cette maison. La loi a fixé ces heures de nuit (du 1er octobre au 31 mars, de six heures du soir à six heures du matin; du 1er avril jusqu'au 30 septembre, de neuf heures du soir jusqu'à quatre heures du matin).

Dans le cas où le prévenu contre lequel a été décerné un mandat d'amener, ne peut être trouvé, ce mandat doit être exhibé au maire ou à l'adjoint, ou au commissaire de police de la résidence du prévenu, qui doivent apposer leur *visa* sur l'acte de notification.

Dans les cas de flagrant délit, ou considérés comme tels, le mandat d'amener devient inutile, et tout agent de la force publique, tout particulier même, a le droit de saisir le coupable et de le mener devant le procureur impérial, si le délit emporte peine afflictive ou infamante.

3° *Le mandat de dépôt.*

Le mandat de dépôt est l'ordonnance en vertu de laquelle le prévenu est déposé dans une maison d'arrêt. L'arrestation n'est que provisoire ; mais aucun délai n'est fixé pour l'interrogatoire.

Le mandat de dépôt doit être décerné contre les témoins qui, ne s'étant pas rendus à la citation, font attester une fausse maladie par un médecin ou officier de santé, et contre celui qui a délivré le certificat de maladie.

Un tribunal correctionnel qui a à statuer sur un crime qui dépasse sa compétence, peut décerner un mandat de dépôt contre l'inculpé.

Dans le cas où un accusé a été mis en liberté, si de nouvelles charges se présentent, le juge d'instruction peut décerner un mandat de dépôt contre lui.

Le président de la cour suprême peut décerner un mandat de dépôt contre un tribunal tout entier ou contre un conseiller de Cour impériale, dénoncés pour un fait grave.

Si le prévenu est trouvé hors de l'arrondissement de l'officier qui a délivré le mandat de dépôt, il doit être conduit devant le juge de paix ou son suppléant, à leur défaut devant le maire ou l'adjoint, ou le commissaire de police, qui viseront le mandat sans pouvoir en imposer l'exécution. Il en est de même pour le mandat d'arrêt, dont nous aurons bientôt à nous occuper.

Nous avons vu dans le mandat d'amener, que le prévenu peut n'être pas contraint de se rendre au mandat, dans le cas où il a été trouvé hors de l'arrondissement de l'officier qui l'a décerné, plus de deux jours après celui qui lui sert de date, et à une distance de plus de cinq myriamètres du domicile de l'officier. Dans ce cas, le procureur impérial de l'arrondissement dans lequel il a été trouvé, peut décerner un mandat de dépôt en vertu duquel on peut le retenir dans la maison d'arrêt.

Dans les vingt-quatre heures de l'exécution du mandat de dépôt, le pro-

ureur impérial qui l'a délivré doit en donner avis, et transmettre les procès-
erbaux, s'il en a été dressé, à l'officier qui a décerné le mandat d'amener.

Sur l'exhibition du mandat de dépôt, le prévenu doit être reçu et gardé
ans la maison d'arrêt établie près le tribunal correctionnel ; le gardien doit
emettre à l'huissier ou à l'officier chargé de l'exécution du mandat, une
econnaissance de la remise du prévenu.

L'officier chargé de l'exécution d'un mandat de dépôt, doit se faire ac-
ompagner d'une force suffisante pour que le prévenu ne puisse se soustraire
la loi. Cette force doit marcher sur la réquisition contenue dans le man-
at.

Le prévenu saisi en vertu d'un mandat de dépôt, doit être conduit sans
élai dans la maison d'arrêt indiquée par ce mandat.

L'officier chargé de l'exécution du mandat de dépôt, doit remettre le prévenu
u gardien qui lui en donne décharge. Il doit ensuite porter au greffe du Tri-
unal correctionnel les pièces qui concernent l'arrestation et en prendre
ne reconnaissance ; il doit exhiber dans les vingt-quatre heures ses dé-
harges et reconnaissances au juge d'instruction, qui doit mettre sur l'une
t sur l'autre son vu daté et signé.

Ces dernières formalités doivent aussi être observées pour le mandat
l'arrêt dont nous nous occupons à l'instant.

1° *Mandat d'arrêt.*

Le mandat d'arrêt est l'ordonnance en vertu de laquelle le prévenu d'un
rime ou d'un délit, qui ne s'est pas disculpé, est conduit à la maison d'arrêt
our y être détenu.

Ce mandat, qui est le plus rigoureux de tous, est celui qui réunit le plus
le formalités. Il est souvent assimilé au mandat de dépôt pour les conditions
à remplir.

Lorsqu'un délit emporte peine afflictive ou infamante ou bien un empri-
sonnement correctionnel, le juge peut décerner un mandat d'arrêt contre le
prévenu, la loi a laissé au juge l'appréciation des faits, c'est à lui de remplir
le but du législateur avec la circonspection et la prudence indispensables à
son ministère. Pour plus de garantie, les conclusions du ministère public,
qui ne sont pas nécessaires pour la parfaite validité des autres mandats,

sont exigées pour le mandat d'arrêt. Le juge, qui aurait abusé du pouvoir absolu qui lui est conféré par le législateur, serait réprimé avec toute la rigueur des règles disciplinaires auxquelles il est soumis.

Dans le cours d'une affaire, si le juge décerne un mandat d'arrêt, il peut ordonner, par ce mandat, que l'on transfère le prévenu dans la maison d'arrêt du lieu où se fait l'instruction. S'il n'est rien dit dans le mandat, à cet égard, le prévenu doit rester dans la maison d'arrêt du lieu où il a été trouvé jusqu'à ce qu'il ait été statué par la chambre du conseil.

Lorsque le prévenu ne peut être saisi, le mandat d'arrêt doit être notifié à sa dernière habitation ; le porteur du mandat doit dresser un procès-verbal de perquisition en présence de deux plus proches voisins du prévenu qu'il lui est possible de trouver ; ils doivent le signer ; s'ils ne savent ou ne peuvent, mention doit en être faite ainsi que l'interpellation qui leur aura été adressée à cet égard. Le procès-verbal doit être visé par le juge de paix ou son suppléant ou le maire du lieu ou l'adjoint ou le commissaire de police ; copie doit en être laissée à celui qui l'aura visé. Le mandat d'arrêt et le procès-verbal doivent être remis au greffe.

Il est d'autres formalités communes au mandat d'arrêt et au mandat de dépôt que nous avons énumérées en nous occupant de ce dernier ; nous ne les répéterons pas.

Voici maintenant quelques formalités communes à tous les mandats :

Les mandats de comparution, d'amener et de dépôt doivent être signés par celui qui les a décernés et munis de son sceau. Le prévenu doit y être nommé et désigné le plus clairement possible. Les mêmes formalités doivent avoir lieu pour le mandat d'arrêt. Mais il doit, en outre, contenir l'énonciation du fait pour lequel il est décerné, et la citation de la loi qui déclare ce fait crime ou délit.

Les mandats de comparution, d'amener, de dépôt et d'arrêt doivent être notifiés par huissier ou par un agent de la force publique, qui doit en faire l'exhibition au prévenu et lui en délivrer copie. Le mandat d'arrêt doit être exhibé au prévenu lors même qu'il serait déjà détenu, et il doit aussi lui en être délivré copie.

Les mandats de comparution, d'amener, de dépôt et d'arrêt sont exécutoires dans toute l'étendue de la France.

L'inobservation des formalités prescrites pour les mandats est punie d'une amende de cinquante francs au moins contre le greffier, et s'il y a lieu d'injonctions contre le juge d'instruction et le Procureur impérial, même de prise à partie s'il y échet.

Nous avons fini l'exposition de cette matière si importante des mandats, nous y avons remarqué que si la loi est réduite à la triste nécessité d'armer le magistrat contre les coupables elle n'a pas voulu, d'un autre côté, qu'il pût abuser impunément du pouvoir qu'elle lui confère.

Vu par le président de la thèse,

Dufour.

———

Cette thèse sera soutenue le 20 janvier 1854, dans une des salles de la Faculté.

Toulouse, imprimerie BAYRET et Cᵉ, rue Peyras, 12.